AF458353

GRAND QUARTIER GÉNÉRAL.

ÉTAT-MAJOR.

3e BUREAU.

No 10,952.

17 avril 1916.

LE GÉNÉRAL COMMANDANT EN CHEF

à MM. les Généraux commandant les groupes d'Armées,

à MM. les Généraux commandant les Armées.

Le règlement provisoire ci-joint codifie les premiers résultats qu'ont obtenus certaines Armées dans la liaison d'infanterie par avion et par ballon captif.

Le but essentiel de cette liaison est de renseigner le commandement sur l'emplacement des éléments avancés. Pour conserver toutes les chances d'atteindre ce but, le règlement restreint à dessein la mission de l'avion et du ballon d'infanterie.

En particulier, en ce qui concerne l'avion, le règlement ne généralise pas les missions plus complexes mises à l'essai par plusieurs armées, car ces missions exigent un matériel de signalisation plus encombrant, une instruction du personnel plus délicate, et risquent de compromettre la mission essentielle indiquée ci-dessus.

C'est dans le même ordre d'idées que le règlement réserve l'emploi des fusées d'avion aux communications à faire à l'infanterie; les communications à l'artillerie seront, sauf circonstances spéciales et ordres exprès des commandants de corps d'armée, faites par T. S. F. ou, à défaut, par projecteurs de bord ou messages lestés.

Enfin, en vue de faire concorder les codes employés par l'infanterie ou par l'artillerie pour demander le tir ou pour faire allonger ce tir, les signaux du code ci-joint annuleront et remplaceront les signaux conventionnels de l'Instruction sur la liaison du 4 décembre 1915 (page 15).

Vous mettrez ce règlement en application par des instructions pratiques et des exercices constants chaque jour où le temps le permettra. Ces exercices seront faits non seulement dans les cantonnements de repos, mais sur les positions mêmes. Par ces exercices, par des visites assidues des observateurs dans les tranchées, par des ascensions fréquentes d'officiers d'infanterie, vous obtiendrez que, dans chaque division, les chefs et la troupe connaissent *leur* avion, *leur* ballon et donnent foi à ce procédé de liaison qui peut être pour eux, dans des situations graves, une chance de salut ou de victoire.

C'est assez dire quelle importance vous devez attacher à cette partie de l'Instruction concernant les liaisons.

J. JOFFRE.

GRAND QUARTIER GÉNÉRAL.

ÉTAT-MAJOR.

3e BUREAU.

N° 10,952.

17 avril 1916.

RÈGLEMENT PROVISOIRE

SUR

LA LIAISON D'INFANTERIE

PAR AVION ET PAR BALLON CAPTIF.

(*Annexe V à l'Instruction sur la liaison du 4 décembre 1915.*)

1. L'avion et le ballon captif permettent d'établir une liaison sommaire entre les éléments avancés d'infanterie et le Commandement (P. C. de division, de corps d'armée, d'artillerie). Ce mode de liaison, dont le fonctionnement dépend des circonstances atmosphériques, doit être considéré comme un procédé supplémentaire, qui ne dispense pas de mettre en œuvre les autres moyens de liaison, mais qui peut, le cas échéant, les suppléer.

Les troupes d'infanterie, les escadrilles et les compagnies d'aérostiers doivent être entraînées à la pratique de cette liaison par de nombreux exercices faits en commun, d'après les principes suivants.

I. — INFANTERIE.

2. L'infanterie s'efforce de renseigner par signaux l'avion ou le ballon qui lui est affecté. Ces signaux sont faits :

1° Par la chaîne (commandants de compagnie);

2° Par les P. C. de colonels;

3° Par les P. C. de brigade ou de division.

1

3. *Les commandants de compagnie* indiquent l'emplacement qu'ils occupent au moyen de feux de Bengale d'une durée minima de 30 secondes; ces signaux sont notés aussi bien par l'avion d'infanterie que par le ballon.

Les feux de Bengale sont allumés :

Soit à une heure fixe convenue d'avance;

Soit en un point fixe convenu d'avance : par exemple, une position à atteindre;

Soit sur la demande de l'avion faite par fusée;

Soit sur l'initiative des commandants de compagnie.

Les commandants de compagnie peuvent encore indiquer leur emplacement au ballon ou exceptionnellement à l'avion en faisant pointer sur lui un projecteur portatif exécutant une série de points et de traits alternés pendant une à deux minutes.

4. *Les P. C. de régiment* et éventuellement *les P. C. de brigade ou de division* indiquent leur emplacement :

A l'avion, par panneaux d'identification étendus sur le sol;

Au ballon ou à l'avion, par projecteurs portatifs en émettant, pendant une à deux minutes, le signal indicatif du P. C.

Enfin, ces P. C. peuvent adresser des messages par projecteurs au ballon ou à l'avion: ces communications, strictement limitées aux conventions du code ci-joint, sont toujours précédées de l'*indicatif* du poste.

II. — AVION D'INFANTERIE.

5. L'avion d'infanterie évolue au-dessus et en arrière des éléments avancés à une altitude inférieure à celle des autres avions d'observation et ne dépassant pas 1,500 mètres. Sa forme et ses caractéristiques doivent être familières à tous les hommes des unités pour lesquelles il travaille.

Il est muni, si possible, de signes distinctifs permanents (bandes de couleur, rampes lumineuses, etc.), et se fait reconnaître, en outre, par une fusée *indicatif*.

L'équipage doit avoir la préoccupation constante de venir en aide à l'infanterie, en notant très exactement ses emplacements, ses besoins, et en faisant parvenir rapidement ses renseignements au Commandement.

Pour accomplir cette mission dans de bonnes conditions, il ne doit risquer l'appareil à moins de 1,000 mètres au-dessus des lignes qu'en cas de nécessité absolue et sur l'ordre exprès du Commandement.

6. L'avion correspond avec les éléments d'infanterie au moyen d'un très petit nombre de signaux faits par fusées et précédés toujours de la fusée *indicatif*. (Voir code ci-joint.)

Afin d'éviter les confusions, l'emploi des fusées lancées d'avion doit, sauf ordres exprès, être réservé aux communications faites par l'avion d'infanterie aux éléments d'infanterie.

Les fusées doivent toujours être lancées d'une hauteur supérieure à 300 mètres.

7. L'avion note les emplacements des troupes :

D'après les feux de Bengale qu'allume la chaîne (commandants de compagnie);

D'après les panneaux que placent les P. C. de régiment, de brigade ou de division.

Il peut recevoir, en outre, un très petit nombre d'indications faites des P. C. ci-dessus par l'intermédiaire de projecteurs.

8. Il transmet ses renseignements :

Par T. S. F., pour les renseignements urgents, en particulier pour ceux se rapportant au tir de l'artillerie; ces transmissions sont reçues par le P. C. de la division et par les groupes d'artillerie intéressés, qui se trouvent ainsi immédiatement avisés sans que l'avion soit obligé d'interrompre son observation;

Par projecteur ou par messages lestés pour les autres indications à donner aux P. C. de division ou de C. A.

Le jet de messages lestés permet à l'avion de donner des renseignements plus complets qu'avec la T. S. F. ou le projecteur : l'observateur peut, en particulier, porter sur des croquis préparés d'avance l'emplacement précis de la chaîne et des P. C. reconnus. Mais l'avion, obligé pour jeter son message de revenir à moins de 300 mètres au-dessus du poste de commandement, interrompt pendant un certain temps son observation; en outre, le message lesté risque de ne pas arriver à destination avec rapidité.

9. Tous les renseignements de l'avion d'infanterie sont complétés, dès l'atterrissage, par le compte rendu de l'observateur et par les photographies qu'il rapporte.

Pour diminuer les retards dans l'arrivée de ces documents, le chef d'escadrille reconnaît, à proximité immédiate du P. C. du C. A., un terrain d'atterrissage auxiliaire, où stationne si possible la voiture-laboratoire.

10. *Exceptionnellement*, des avions pourront jeter à

faible altitude au-dessus des P. C. de division, de brigade ou de régiment des ordres ou des renseignements destinés aux unités avancées.

III. — BALLON.

11. Le ballon chargé d'assurer la liaison d'infanterie (en principe un ballon par division) porte comme signe distinctif une ou deux flammes attachées au câble à 50 mètres au-dessous de la nacelle.

12. Il reçoit les signaux qui lui sont faits dans les conditions indiquées aux nos 3 et 4 ci-dessus, soit par les commandants de compagnie (feux de Bengale ou projecteurs émettant des séries de traits et de points alternés), soit par les P. C. de régiment (projecteurs émettant les signaux prévus au code ci-joint).

13. Il répond à ces signaux soit au moyen d'un projecteur, soit au moyen d'un panneau qui se déplie et se replie à volonté permettant ainsi de faire des signaux correspondant à des points ou des traits. Ses réponses se bornent, en principe, aux deux signaux «Compris» et «Répétez», précédés de l'*indicatif* du poste auquel le ballon s'adresse.

14. Le ballon est relié par téléphone aux P. C. avec lesquels l'infanterie doit être maintenue en liaison. L'observateur de la nacelle transmet au téléphoniste de service au pied du ballon les messages qui lui sont envoyés : ces messages sont immédiatement enregistrés et transmis au Commandement par les soins du poste de terre.

IV. — ORGANISATION DE LA LIAISON D'INFANTERIE PAR AVION ET PAR BALLON.

15. L'ordre d'opérations du C. A. fixe chaque jour l'organisation de la liaison d'infanterie par avions et par ballons. Cet ordre indique :

L'heure à laquelle les avions d'infanterie et les ballons devront être en mesure d'exécuter la liaison;

Les lignes sur lesquelles les signaux seront vraisemblablement faits;

Les heures auxquelles l'infanterie enverra ses indications, soit spontanément, soit sur la demande des avions;

Les conditions dans lesquelles ces indications devront être transmises par les avions.

16. Les observateurs en ballon et les aviateurs chargés de la liaison d'infanterie doivent être renseignés sur le dispositif d'attaque ou de défense adopté par les troupes auxquelles il sont affectés; ils sont envoyés, au préalable, sur le terrain pour s'entendre avec les commandants de régiment et pour étudier en détail la configuration du sol et des premières lignes; ils sont tenus au courant des événements survenus.

17. En principe, un avion ou un ballon d'infanterie reçoit, comme zone d'observation, le secteur d'une division.

CODE PROVISOIRE DE SIGNAUX.

I. — SIGNAUX FAITS PAR L'AVION.

a. Au moyen de fusées (s'adressant aux éléments d'infanterie) :

Indicatifs à envoyer 2 ou 3 fois, à quelques minutes d'intervalle, avant tout autre signal......	Je suis l'avion d'infanterie de la 1re division...........	1 fusée de 1 feu.
	Je suis l'avion d'infanterie de la 2e division...........	1 fusée de 2 feux simultanés.

Où êtes-vous?........ 1 fusée de 6 feux simultanés.

Compris............. 1 fusée de 3 feux simultanés.

b. Au moyen du projecteur ou de la T. S. F. (s'adressant aux P. C. de groupes d'artillerie, ou aux P. C. de D. I. ou de C. A.) :

Indicatif........................	Fixé d'avance par le C. A.
Troupes amies....................	T A M
P. C. de régiment................	11
P. C. de brigade.................	15
P. C. de division................	17
Allongez le tir	Série de H.
Demande du tir de l'artillerie T A M ——— ———	Plusieurs séries de 3 traits longs précédées de l'indication T A M.
Envoyez ravitaillement en munitions (Y).	—.—— —.——

Signaux facultatifs : 12, 13, 14, 16, 18, 19.

L'avion, en transmettant les signaux de l'infanterie, indique le point du sol d'où ils proviennent de la manière suivante :

1er exemple : « Infanterie amie au point *U* demande qu'on allonge le tir » :

Indicatif U TAM ....

2e exemple : «P. C. de régiment au point 3485 demande le tir de l'artillerie sur le point V 3» :

Indicatif 3485 11 TAM ——— ——— V 3

II. — SIGNAUX FAITS PAR LE BALLON.

Indicatif du poste auquel le ballon s'adresse (fixé par le corps d'armée).

Compris (S N) : •••—• •••—• •••—•

Répétez (?) : ••——•• ••——•• ••——••

III. — SIGNAUX À ÉMETTRE ET

	REÇUS DE L'AVION	ADRESSÉS
Commandants de compagnie.	*Pour tous les P. C. :* Fusée de 1 feu : 1re division ? Fusée de 2 feux simultanés : 2e division ? Fusée de 6 feux simultanés : Où êtes-vous ? Fusée de 3 feux simultanés : Compris.	Par feux de Bengale. 1 ou 2 feux. Je
P. C. de régiment.	Le signal «COMPRIS» s'adresse, en général, à toute la D. I. Pour l'adresser à un poste particulier, l'avion lance sa fusée à faible hauteur au-dessus de ce poste.	Par panneau. Ici un P. C. de régiment.
P. C. de brigade et P. C. de division.		Ici un P. C. de brigade. Ici le P. C. de la 1re division. Ici le P. C. de la 2e division.

A RECEVOIR PAR L'INFANTERIE.

À L'AVION	ADRESSÉS AU BALLON		REÇUS DU BALLON
Par projecteur.	Par projecteur.	Par feux de Bengale.	*Par projecteur ou par panneau pliant.*
ici.	Je suis ici.		
•—•—•—•—•—•—•—•— Série de points et de traits alternés pendant 1 à 2 minutes.		1 ou 2 feux.	•••—• (SN) Compris.
Ici un P. C. de régiment, *Indicatif* fixé par l'É.-M. du corps d'armée. Demande du tir de l'artillerie : — — — (série de 3 traits). Allongez le tir : •••• •••• •••• (série de H). Envoyez ravitaillement en munitions : (y) —•——			*Indicatif* du P. C. •••—• (SN) Compris. ••——••(?) Répétez.
Mêmes signaux que ci-dessus.	Mêmes signaux que ci-dessus ou, exceptionnellement, messages envoyés par projecteur (alphabet MORSE) en cas de suppression des lignes téléphoniques.		Mêmes signaux que ci-dessus ou, exceptionnellement, messages envoyés par projecteur (alphabet MORSE) en cas de suppression des lignes téléphoniques.

EMPLOI DES PANNEAUX.

19. Les panneaux sont placés sur le terrain à l'heure fixée ou à la demande de l'avion, et sont laissés jusqu'à ce que l'avion ait envoyé l'indication « COMPRIS » par fusée ou par projecteur.

NOTA I. — Le signal circulaire de 3 mètres de diamètre peut être réalisé au moyen de 4 lattes de 3 mètres superposées, réunies au milieu par un boulon, et susceptibles de s'ouvrir au moment de l'emploi. Chaque latte est terminée, à ses extrémités, par un crochet ouvert.

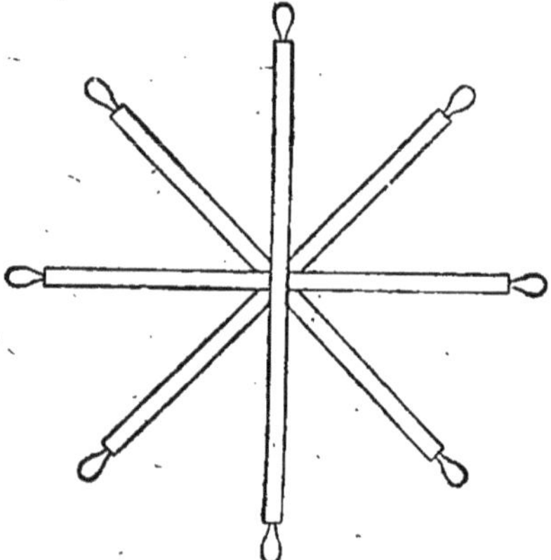

Le panneau circulaire porte 8 anneaux ou boucles qui se fixent dans les crochets.

Ce dispositif permet de placer le signal sans qu'il se déforme sur n'importe quel terrain.

NOTA II. — Afin de les soustraire aux vues des avions ennemis évoluant dans leurs lignes, les panneaux sont, autant que possible, disposés à contre-pente ou derrière un masque, en veillant toujours à ce qu'ils ne soient pas cachés pour les avions amis.

MPLOI DES PROJECTEURS.

20. On évitera de placer les postes transmetteurs près des rivières, pièces d'eau, routes, carrières, dont le miroitement ou reflet peuvent gêner la lecture, surtout par les temps ensoleillés. On choisira soigneusement des endroits sombres (lisières de bois, etc.) pour y installer les projecteurs dont le miroir ne devra jamais être frappé directement par les rayons du soleil.

L'emploi d'une jumelle à grand champ et faible grossissement (× 6 ou × 8) est recommandé aussi bien pour les signaleurs terrestres que pour les observateurs en ballon ou en avion.

La cadence des signaux doit être lente; les signes, et particulièrement les points, doivent être bien accentués.

Le point sera représenté par une émission d'une demi-seconde, le trait par une émission de 3 secondes. L'intervalle entre deux signaux d'une même lettre aura une demi-seconde de durée, et l'intervalle entre deux lettres ou deux chiffres, 4 secondes.

Autant que possible, deux signaleurs seront affectés à chaque poste : un, chargé de diriger très exactement le faisceau lumineux dans la direction de l'avion ou du ballon; le second, chargé de la manipulation.

Pour envoyer un message à l'avion ou au ballon, les signaleurs commencent par lancer leur indicatif, et ils le répètent jusqu'à ce que le ballon ou l'avion réponde : «COMPRIS».

Ils envoient alors leur message, et le répètent jusqu'à ce que l'avion ou le ballon réponde de nouveau : «COMPRIS».

Les règles de service édictées par l'Instruction sur la liaison du 4 décembre 1915 s'appliquent d'ailleurs à la transmission de tous ces messages.

EMPLOI DES FUSÉES.

21. Les fusées à employer de préférence en avion, pour faire des signaux à l'infanterie, sont des cartouches tirées à l'aide de pistolets signaleurs de 35 millimètres de calibre.

Les approvisionnements actuels comprennent les cartouches suivantes :

Cartouche n° 1. — 1 étoile feu blanc de 10 secondes.
— n° 2. — 2 étoiles feu blanc de 10 secondes.
— n° 3. — 3 étoiles feu blanc de 8 secondes.
— n° 6. — 6 étoiles feu blanc de 5 secondes.

Il n'a pas encore été obtenu de fusées de couleur se différenciant suffisamment des fusées ci-dessus.

www.ingramcontent.com/pod-product-compliance
Ingram Content Group UK Ltd.
Pitfield, Milton Keynes, MK11 3LW, UK
UKHW021927230726
13925UKWH00007B/2486